Pitsche, patsche Peter

66 und 1 Reim

zusammengetragen von Friederun Reichenstetter
gemalt von Ingrid Kellner

Für Vincent und Gerlinde

3 2 1   92 91 90
© 1990 Ravensburger Buchverlag Otto Maier GmbH
Umschlaggestaltung: Kirsch & Korn, Tettnang
Redaktion: Gerlinde Wiencirz
Printed in Italy · ISBN 3-473-33719-6

Ich will dir was erzählen,
von der Mutter Mehlen,
von der Mutter Kikeritzen,
die hat 'nen Floh im Hemde sitzen.

Auf der Mauer, auf der Lauer
sitzt 'ne große Wanze.
Schaut euch doch die Wanze an,
wie die Wanze tanzen kann.
Auf der Mauer, auf der Lauer
sitzt 'ne große Wanze.

Patsch, patsch, Händelchen
was wird der Papa bringen?
Ein Semmelchen,
ein Bemmelchen,
und was denn noch dazu?
Eine bunte Kuh!

Ihr Diener!
Was machen die Hühner?
Legen sie brav Eier?
Was kostet 's Stück?
Einen Dreier.
Das ist mir zu teuer.
Einen Pfennig.
Das ist mir zuwenig.
Einen Zweer.
Das geht schon eher.

Guten Tag, guten Tag,
was wünschen Sie?
Zucker, Kaffee, Tee.
Da haben Sie's, da haben Sie's.
Adieu, adieu, adieu.

So warten S' doch,
so warten S' doch,
Sie kriegen noch was raus!
Behalten Sie's, behalten Sie's,
wir müssen jetzt nach Haus!

Hole mir beim Gärtner Pflanzel:
Salbei und Lavendel,
Rosmarin und Thymian
und ein bißchen Quendel!
Ja, Madam, das haben wir
drunten in dem Garten.
Wollen Sie so gütig sein
und ein bißchen warten?

Was soll ich denn kochen?
's ist alles zerbrochen,
das Maß und die Pfann,
das Glas und die Kann.
Und was will ich kaufen?
Es kost einen Haufen:
Der Weck und die Fladen,
der Speck und der Braten,
das Salz und das Öl.
Und Eier und Feuer
sind heuer so teuer!
Ich kriege kaum Lohn –
ich lauf noch davon!

Backe, backe Kuchen,
der Bäcker hat gerufen.
Wer will guten Kuchen backen,
der muß haben sieben Sachen:
Eier und Schmalz,
Zucker und Salz,
Milch und Mehl,
Safran macht den Kuchen gel.
Schieb, schieb in 'n Ofen rein!

Bim, bam, beier,
die Katz mag keine Eier.
Was mag sie dann?
Speck in der Pfann!
Ei, wie lecker
ist unsre Madam!

Pitsche, patsche, Küchelchen,
mir und dir ein Krügelchen,
mir und dir ein Tellerchen,
sind wir zwei Gesellerchen!

Gretel, mein Mädel, was tuste?
Sitz hinterm Ofen und huste!
Gretel, was gibt's heut zur Nacht?
Feuer, das donnert und kracht!
Die Nudeln sind angebrannt,
hab sie nicht umgewandt.
Die Nudeln sind rundum schwarz,
frißt sie kein Hund und keine Katz!

Pitsche, patsche, Peter,
hinterm Ofen steht er,
flickt die Strümpf und
schmiert die Schuh.
Kommt die alte Katz dazu,
frißt den Schmer und
frißt die Schuh,
frißt den Peter noch dazu.
Frißt die Schuh und
frißt den Schmer,
frißt mir alle Teller leer.

Die Linse, wo sin se?
Im Dippe, se hippe,
se koche drei Woche,
bleibe hart wie die Knoche.
Deck se zu, so ham se Ruh.

In Frankfurt uf em Türmche
saß e Würmche mit em Schirmche,
kam e Stürmche,
blies es Würmche
mit em Schirmche
von dem Türmche.

Heraus aus den Federn, heraus, heraus,
die liebe Frau Sonne, die lacht euch ja aus.
Sie geht schon spazieren durch Felder und Flur
und fragt sich, wo bleiben die Kinder heut nur.
Drum schnell in die Strümpfe, in Hose und Kleid.
Guten Morgen, Frau Sonne, jetzt sind wir soweit.

Wind, Wind, sause,
durch die Bäume brause,
blase alle Blätter ab,
bis der Baum kein Blatt mehr hat,
doch hat einer Nadeln an,
die laß dran!

Guten Morgen, lieber Sonnenschein,
guckst in mein Fenster schon herein.
Was machen denn die Vögelein?

Es regnet, es regnet,
es regnet seinen Lauf,
und wenn's genug geregnet hat,
so hört es wieder auf!

Du liebe Zeit,
es schneit, es schneit!
Die Flocken fliegen
und bleiben liegen.
Ich bitte sehr,
noch mehr, noch mehr!

Was, liebe Frau Bas?
Wenn's regnet, wird's naß,
wenn's schneit, wird's weiß,
wenn's g'friert, so gibt's Eis.
Ja, liebe Frau Bas,
der Fuchs ist kein Has,
und der Has ist kein Fuchs,
und du bist nix nutz!

Liebe Sonne, komm gekrochen,
denn mich friert's an allen Knochen,
liebe Sonne, komm gerennt,
denn mich friert's an meine Händ.

Es regnelet, es schneibelet,
es geht a kühler Wind.
Da stehen die Frau Basele
mit ihren roten Nasele
und sag'n: Des wär a Sünd
und machen a Komplimint.

Annamirl, Zuckaschnürl,
geh mit mir in d' Schlehe.
I trau dir net,
i trau dir net,
du trittst mir auf mei Zehe.

Schön rund ist mein Röschen,
aber spitz ist sein Dorn.
Hübsch klein ist mein Bübchen,
aber groß ist sein Zorn!

Regen, Regentröpfchen,
es regnet auf mein Köpfchen,
es regnet auf das grüne Gras,
da werden meine Füße naß.

Meine Mutter hat gepflanzt
im Garten Zuckerwicken.
Kommt mein Hühnchen angerannt,
fängt gleich an zu picken.
Und wenn das mein Vater
und meine Mutter sehn –
kleines, kleines Hühnchen,
wie wird's dir da ergehn?

Drei Rosen im Garten,
drei Tannen im Wald,
im Sommer ist's lustig,
im Winter ist's kalt.

Troß, troß, trüll,
der Bauer hat ein Füll.
Füllchen will nicht laufen,
der Bauer will's verkaufen,
da läuft das Füllchen weg,
und der Bauer fliegt in 'n Dreck.

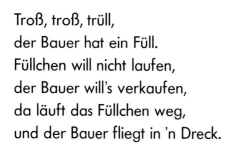

Muh, muh, muh,
so spricht im Stall die Kuh,
sie gibt uns Milch und Butter,
wir geben ihr das Futter.
Muh, muh, muh,
so spricht im Stall die Kuh.

Bauer, bind den Pudel an,
daß er mich nicht beißen kann!
Beißt er mich, verklag ich dich,
tausend Taler kost es dich!
Tausend Taler sind kein Geld,
wenn der Pudel mir gefällt.

Die Tauben fressen Wicken,
die Schwalben fangen Mücken,
die Schafe futtern Gras,
die Raben speisen Aas,
die Störche haschen Schlangen,
die Katz muß Mäuse fangen,
die Kuh mag Heu und Stroh,
ein Korn macht's Spätzlein froh.
Die Stare fressen Spinnen,
die Ente schlürft aus Rinnen,
das Schwein wühlt im Morast,
ich möcht nicht sein ihr Gast!

Kommt e Mäusle,
baut e Häusle,
kommt e Mückle,
baut e Brückle,
kriecht e Schneck
um die Eck,
kommt e Floh,
der macht so!

Es ging eine Ziege zum Hof hinaus,
meck, meck, meck.
Es schaut die Kuh zum Stall heraus,
meck, meck, meck.
Die Kühe und die Ziegen,
meck, meck, meck,
die haben ein Vergnügen,
meck, meck, meck.

Rab, Rab, gräme dich,
Rab, Rab, schäme dich!
Kannst dir keine Stiefel kaufen,
mußt im Schmutze barfuß laufen.
Du stolzierst im schwarzen Frack
und bist doch ein Bettelsack!

Eins, zwei, drei,
bicke, backe, bei.
Bicke, backe Pfefferkorn,
der Müller hat sein Frau verlor'n.
Hat sie nimmer g'funden,
glaubt, sie ist verschwunden.
Wie sieht's nun in der Mühle aus?
Da schaun die Mäus zum Fenster raus,
der Storch, der kocht die Suppen,
die Katzen fegen d' Stuben aus,
die Ratten tragen Kehricht raus,
der Hund, der schlägt die Trommel.
Sitzt ein Männlein auf dem Dach,
hat sich halb zu Tod gelacht.

Storch, Storch, Steiner,
mit die langen Beiner,
mit die kurzen Knie,
flog übers Bäckershaus,
holte sich drei Brote raus,
mir eins, dir eins,
armen Schelmen
gar keins!

Ich war mal in 'nem Dorfe,
da gab es einen Sturm,
da zankten sich fünf Hühnerchen
um einen Regenwurm.
Und als kein Wurm mehr war zu sehn,
da sagten alle „piep",
da hatten die fünf Hühnerchen
einander wieder lieb.

Grau, grau Mäuschen,
bleib in deinem Häuschen!
Frißt du mir mein Butterbrot,
kommt die Katz und
beißt dich tot!

Putputput, mein Hühnchen,
putputput, mein Hahn.
Möchte gerne wissen,
wie man Eier legen kann.
Kikeriki, kikeriki,
sag's dir morgen früh.

Zwei Mädchen wollen Wasser holen,
zwei Buben wollen pumpen,
da schaut die Hex zum Fenster raus
und sagt: Ihr seid vier Lumpen.

Klein bin ich, klein bleib ich,
Groß mag ich nicht wer'n.
Schön runket, schön punket,
wie ein Haselnußkern.

Hutsche, hutsche, hutsche!
Horch, da kommt die Kutsche!
Her den Hut und her den Stock,
springen schnell wir auf den Bock,
daß wir auch mitrutsche!
Heute noch um halber neun,
wollen wir in Nürnberg sein!

Johann, spann an!
Drei Katzen voran,
drei Mäuse voraus,
den Blocksberg hinauf!

Machet auf das Tor,
machet auf das Tor,
es kommt ein goldner Wagen!
Wer sitzt darin, wer sitzt darin?
Ein Mann mit goldnen Haaren!
Was will er denn, was will er denn?
Er will die Kati haben.

Wir geben einen Ball,
sagte die Nachtigall.
Was werden wir speisen?
fragten die Meisen.
Strudel! bellte der Pudel.
Was werden wir trinken?
fragten die Finken.
Bier! brüllte der Stier.
Wein! grunzte das Schwein.
Kümmel! wieherte der Schimmel.
Auch Tee, bat das Reh.
Wir werden tanzen,
sagten die Wanzen.
Wer wird uns blasen?
fragten die Hasen.
Ein Hirte wird flöten,
unkten die Kröten.
Wie lange? fragte die Schlange.
Bis zwölfe! heulten die Wölfe.
Aber wo? fragte der Floh.
Im Jägerhaus, sagte die Maus –
und da war die Geschichte aus.

Hänschen, Stiglenzchen,
zieh mit mir aufs Dorf.
Da singen die Vögel,
da klappert der Storch.
Da pfeift die Maus,
da tanzt die Laus,
da hüpfen die Flöhe
zum Fenster hinaus.

Gretel, willst tanzen?
O jerum, ja!
Denn wegen des Tanzens
bin ich ja da.

Hansel und Gretel
stehen zu zwein.
Der Hansel ist grob,
und die Gretel ist fein.
Der Hansel ist dick,
und die Gretel ist dünn,
der Hansel ist aus Birkenholz
und die Gretel aus Zinn.
Heißa, juchheißa,
wer wird nun König?
Was einer zuviel hat,
hat der andre zuwenig!

Sipp, sapp, seepe,
ich mach dir eine Flöte,
von Thymian und wildem Wein.
Willst du sie nicht,
dann ist sie mein.
Sipp, sapp, seepe,
ich mach mir eine Flöte!

Ich und mein altes Weib
können gut tanzen,
ich mit dem Bettelsack,
sie mit dem Ranzen.

Fiedelhänschen, geig einmal,
unser Kind will tanzen,
hat ein buntes Röcklein an,
rundherum mit Fransen.
Fiedelhänschen geigt und singt
auf der grünen Wiese,
und es jubelt, tanzt und springt
unsre kleine Liese.

Tanz mit mir, tanz mit mir,
hab 'ne weiße Schürze für.
Mit mir auch, mit mir auch,
meine Schürze blinkert auch.

Tanz, Kindlein, tanz,
deine Schühlein sind noch ganz.
Laß dich's nicht gereuen,
der Schuster macht dir neue!
Tanz, Kindlein, tanz!

Petersilie, Suppenkraut,
wächst in unserm Garten.
Unsre Julia ist die Braut,
will nicht länger warten.
Roter Wein und weißer Wein,
morgen soll die Hochzeit sein.

Hoppe, hoppe, Reiter,
wenn er fällt, dann schreit er.
Fällt er in den Graben,
fressen ihn die Raben.
Fällt er in die Hecken,
fressen ihn die Schnecken,
fällt er in den Sumpf,
macht der Reiter plumps.

Ich bin aus Oberweißen,
mein Vater hat 'nen Sattelgaul,
der will mich immer beißen
und hat kein Zahn im Maul.

Miesekätzchen, Miese,
wovon bist du so griese?
Ich bin so gries, ich bin so grau,
ich bin das Kätzchen Griesegrau.

Heile, heile, Segen,
drei Tage Regen,
drei Tage Schnee,
tut dem Kindlein
nichts mehr weh!

Heile, heile, Kätzchen,
das Kätzchen hat vier Tätzchen
und einen langen Schwanz –
morgen ist alles wieder ganz!

Daheim ist die Maus
auf den Ofen gekrochen,
hat den Finger verstaucht
und das Schwänzel gebrochen!

Stieglitz, Stieglitz, 's Zeiserl ist krank.
Rupf ma ihm a Federl aus,
mach ma ihm a Betterl draus,
Stieglitz, Stieglitz, 's Zeiserl ist krank.
Geb ma ihm a Supperl ein,
laß ma's lang im Betterl sein,
Stieglitz, Stieglitz, 's Zeiserl ist krank.
Sing ma ihm a Liederl süß,
daß's bald wieder lustig ist.

Weine nur nicht,
weine nur nicht,
im Ofen steht der Kuchen,
du siehst ihn nur nicht.

Gute Nacht, schlaf wohl, liebs Kindle,
unterm Ofen schläft das Hündle.
Gute Nacht, schlaf wohl, liebs Schätzle,
unterm Ofen schläft das Kätzle.
Das Hündle bellt, das Kätzle schreit,
wenn du sie tust erschrecken.
Gute Nacht, schlaf wohl,
zur rechten Zeit
will ich dich morgen wecken.

Nineile, Nineile,
koch dem Kind ein Breile,
tu ein bissel Zucker dran,
daß mein Kind gut schlafen kann.

Schlaf, Kindchen, schlaf,
da draußen steht ein Schaf,
hat lauter weiße Wolle,
gibt die Milch, die volle.
Hat vier weiße Füße,
gibt die Milch, die süße.
Hat ein weißes Köpfchen,
gibt die Milch ins Töpfchen.
Gibt sie täglich dreimal her,
trinken wir sie dreimal leer.
Knurre nicht und murre nicht,
Schlaf, mein kleiner Brummelwicht.

Ingrid Kellner

Aufgewachsen bin ich im Garten der Großmutter auf dem Lindnerhof in Weilheim, Oberbayern. Heute lebe und arbeite ich in München. Ich habe Lehrzeit, Studium an der Graphischen Akademie und freiberufliche Mitarbeit bei Werbeagenturen schon lange hinter mir. Ich wäre beinahe eine beschäftigte Zeichnerin in New York geworden, aber dann bekam ich Heimweh, nämlich danach, wie die Steine und das Wasser der Isar im Frühling riechen. Wieder zurück habe ich für Zeitschriften, Sachbücher und Lexika, Schul- und Kinderbücher gezeichnet und dabei viel dazugelernt. Fünf Jahre lang war ich hauptsächlich „Neue Wilde Malerin" auf großen Formaten, aber die Kunst im Kleinen und für Kleine ist schwieriger. Sowas fordert mich heraus.

Inzwischen mache ich meine Bücher am liebsten ganz selbst: Ich denke sie mir aus, schreibe und zeichne sie. Die *Großmutter-Suppe*, Ravensburger Buchverlag, 1988, ist so eines. Die neuen Bücher wachsen schon heran: Zuerst im Kopf, dann auf dem Papier und zum Reifen in den Schubladen. Und zwischendurch muß ich die Blumen gießen und den Kater füttern.

Friederun Reichenstetter

Ich bin in einer Großfamilie aufgewachsen – zwischen vielen Geschwistern, Nichten und Neffen, zwei Großmüttern, einer Urgroßmutter, mehreren Tanten. Wenn das Essen knapp wurde, gab's zum Nachtisch allemal noch Märchen, Geschichten, Verse...

Nach vielen Jahren im Ausland, nach Sprachenstudium und jahrelanger Bürositzerei, habe ich endlich das angefangen, was ich schon immer tun wollte, nämlich Geschichten schreiben. Bisher tat ich das nur für Rundfunkanstalten im In- und Ausland, nun habe ich mich auch ans Bücherschreiben gemacht.